4197

ANNUAIRE

DES AT∴

DE LA L∴ ARÉOPAGISTE D'ISIS,

O∴ DE PARIS,

POUR L'AN DE LA RECHERCHE 5828 ET PLUS,

CONTENANT :

1° Le Calendrier Maç∴ et les Jours de Tenues ;
2° Notice, ou Extrait des principaux articles réglementaires ;
3° Le Tableau des Off∴ en exercice dans ses diff∴ At∴ ;
4° Liste de tous les Membres de la L∴ du Chap∴ et du Cons∴ ;
    par ordre alphabétique ;
5° Fondateurs honoraires du Cons∴ ;
6° Affiliés libres correspondans ;
7° Affiliés libres, membres de l'Harmonie ;
8° RR∴ LL∴ et Chap∴ affiliés.

O∴ DE PARIS,

IMPRIMERIE DE E. DUVERGER,

RUE DE VERNEUIL, N° 4.

5828 ET PLUS.

Don 30040

CALENDRIER MAÇONNIQUE.

MARS.	AVRIL.
Thisri, ou *Ethanion.*	*Marschevan,* ou *Bul.*

	MARS.		AVRIL.
1	Samedi.	1	Mardi.
2	DIMANCHE.	2	Mercredi.
3	Lundi.	3	Jeudi.
4	Mardi.	4	Vendredi.
5	Mercredi.	5	Samedi.
6	Jeudi.	6	DIMANCHE.
7	Vendredi.	7	Lundi.
8	Samedi.	8	Mardi.
9	DIMANCHE.	9	Mercredi.
10	Lundi.	10	Jeudi.
11	Mardi.	11	Vendredi.
12	Mercredi.	12	Samedi.
13	Jeudi.	13	DIMANCHE.
14	Vendredi.	14	Lundi.
15	Samedi.	15	Mardi.
16	DIMANCHE.	16	Mercredi.
17	Lundi.	17	Jeudi.
18	Mardi.	18	Vendredi.
19	Mercredi.	19	Samedi.
20	Jeudi.	20	DIMANCHE.
21	Vendredi.	21	Lundi.
22	Samedi.	22	Mardi.
23	DIMANCHE.	23	Mercredi.
24	Lundi.	24	Jeudi.
25	Mardi.	25	Vendredi.
26	Mercredi.	26	Samedi.
27	Jeudi.	27	DIMANCHE.
28	Vendredi.	28	Lundi.
29	Samedi.	29	Mardi.
30	DIMANCHE.	30	Mercredi.
31	Lundi.		

(4)

MAI. *Kisleu.*	JUIN. *Thébe-th.*
1 Jeudi.	1 DIMANCHE.
2 Vendredi.	2 Lundi.
3 Samedi.	3 Mardi.
4 DIMANCHE.	4 Mercredi.
5 Lundi.	5 Jeudi.
6 Mardi.	6 Vendredi.
7 Mercredi.	7 Samedi.
8 Jeudi.	8 DIMANCHE.
9 Vendredi.	9 Lundi.
10 Samedi.	10 Mardi.
11 DIMANCHE.	11 Mercredi.
12 Lundi.	12 Jeudi.
13 Mardi.	13 Vendredi.
14 Mercredi.	14 Samedi.
15 Jeudi.	15 DIMANCHE.
16 Vendredi.	16 Lundi.
17 Samedi.	17 Mardi.
18 DIMANCHE.	18 Mercredi.
19 Lundi.	19 Jeudi.
20 Mardi.	20 Vendredi.
21 Mercredi.	21 Samedi.
22 Jeudi.	22 DIMANCHE.
23 Vendredi. L.	23 Lundi.
24 Samedi.	24 Mardi.
25 DIMANCHE.	25 Mercredi.
26 Lundi.	26 Jeudi.
27 Mardi.	27 Vendredi. L.
28 Mercredi.	28 Samedi.
29 Jeudi.	29 DIMANCHE.
30 Vendredi.	30 Lundi.
31 Samedi.	

JUILLET.	AOUT.
Schevet, ou *Sabat.*	*Adar.*

1	Mardi.	1	Vendredi.
2	Mercredi.	2	Samedi.
3	Jeudi.	3	DIMANCHE.
4	Vendredi.	4	Lundi.
5	Samedi.	5	Mardi.
6	DIMANCHE.	6	Mercredi.
7	Lundi.	7	Jeudi.
8	Mardi.	8	Vendredi.
9	Mercredi.	9	Samedi.
10	Jeudi.	10	DIMANCHE.
11	Vendredi.	11	Lundi.
12	Samedi.	12	Mardi.
13	DIMANCHE.	13	Mercredi.
14	Lundi.	14	Jeudi.
15	Mardi.	15	Vendredi.
16	Mercredi.	16	Samedi.
17	Jeudi.	17	DIMANCHE.
18	Vendredi.	18	Lundi.
19	Samedi.	19	Mardi.
20	DIMANCHE.	20	Mercredi.
21	Lundi.	21	Jeudi.
22	Mardi.	22	Vendredi. L.
23	Mercredi.	23	Samedi.
24	Jeudi.	24	DIMANCHE.
25	Vendredi. L. Fête de	25	Lundi.
26	Samedi. l'Ordre.	26	Mardi.
27	DIMANCHE.	27	Mercredi.
28	Lundi.	28	Jeudi.
29	Mardi.	29	Vendredi.
30	Mercredi.	30	Samedi.
31	Jeudi.	31	DIMANCHE.

SEPTEMBRE.	OCTOBRE.
Nisan, ou Sabat.	*Har, ou Zio.*
1 Lundi.	1 Mercredi.
2 Mardi.	2 Jeudi.
3 Mercredi.	3 Vendredi.
4 Jeudi.	4 Samedi.
5 Vendredi.	5 DIMANCHE.
6 Samedi.	6 Lundi.
7 DIMANCHE.	7 Mardi.
8 Lundi.	8 Mercredi.
9 Mardi.	9 Jeudi.
10 Mercredi.	10 Vendredi.
11 Jeudi.	11 Samedi.
12 Vendredi.	12 DIMANCHE.
13 Samedi.	13 Lundi.
14 DIMANCHE.	14 Mardi.
15 Lundi.	15 Mercredi.
16 Mardi.	16 Jeudi.
17 Mercredi.	17 Vendredi.
18 Jeudi.	18 Samedi.
19 Vendredi.	19 DIMANCHE.
20 Samedi.	20 Lundi.
21 DIMANCHE.	21 Mardi.
22 Lundi.	22 Mercredi.
23 Mardi.	23 Jeudi.
24 Mercredi.	24 Vendredi. L.
25 Jeudi.	25 Samedi.
26 Vendredi. L.	26 DIMANCHE.
27 Samedi.	27 Lundi.
28 DIMANCHE.	28 Mardi.
29 Lundi.	29 Mercredi.
30 Mardi.	30 Jeudi.
	31 Vendredi.

NOVEMBRE.	DÉCEMBRE.
Sivan, ou *Siban*.	*Tamuz*.

1	Samedi.	1	Lundi.
2	DIMANCHE.	2	Mardi.
3	Lundi.	3	Mercredi.
4	Mardi.	4	Jeudi.
5	Mercredi.	5	Vendredi.
6	Jeudi.	6	Samedi.
7	Vendredi.	7	DIMANCHE.
8	Samedi.	8	Lundi.
9	DIMANCHE.	9	Mardi.
10	Lundi.	10	Mercredi.
11	Mardi.	11	Jeudi.
12	Mercredi.	12	Vendredi.
13	Jeudi.	13	Samedi.
14	Vendredi.	14	DIMANCHE.
15	Samedi.	15	Lundi.
16	DIMANCHE.	16	Mardi.
17	Lundi.	17	Mercredi.
18	Mardi.	18	Jeudi.
19	Mercredi.	19	Vendredi.
20	Jeudi.	20	Samedi.
21	Vendredi.	21	DIMANCHE.
22	Samedi.	22	Lundi.
23	DIMANCHE.	23	Mardi.
24	Lundi.	24	Mercredi.
25	Mardi.	25	Jeudi.
26	Mercredi.	26	Vendredi. L.
27	Jeudi.	27	Samedi.
28	Vendredi. L.	28	DIMANCHE.
29	Samedi.	29	Lundi.
30	DIMANCHE.	30	Mardi.
		31	Mercredi.

JANVIER.
4b.

1	Jeudi.	
2	Vendredi.	
3	Samedi.	
4	DIMANCHE.	
5	Lundi.	
6	Mardi.	
7	Mercredi.	
8	Jeudi.	
9	Vendredi.	
10	Samedi.	
11	DIMANCHE.	
12	Lundi.	
13	Mardi.	
14	Mercredi.	
15	Jeudi.	
16	Vendredi.	
17	Samedi.	
18	DIMANCHE.	
19	Lundi.	
20	Mardi.	
21	Mercredi.	
22	Jeudi.	
23	Vendredi.	L., Fête de
24	Samedi.	l'Ordre.
25	DIMANCHE.	
26	Lundi.	
27	Mardi.	
28	Mercredi.	
29	Jeudi.	
20	Vendredi.	
31	Samedi.	

FÉVRIER.
Etat.

1	DIMANCHE.	
2	Lundi.	
3	Mardi.	
4	Mercredi.	
5	Jeudi.	
6	Vendredi.	
7	Samedi.	
8	DIMANCHE.	
9	Lundi.	
10	Mardi.	
11	Mercredi.	
12	Jeudi.	
13	Vendredi.	
14	Samedi.	
15	DIMANCHE.	
16	Lundi.	
17	Mardi.	
18	Mercredi.	
19	Jeudi.	
20	Vendredi.	
21	Samedi.	
22	DIMANCHE.	
23	Lundi.	
24	Mardi.	
25	Mercredi.	
26	Jeudi.	
27	Vendredi.	L., Nomin.
28	Samedi.	des Off.
29	DIMANCHE.	

NOTICE

PRINCIPES ORGANIQUES OU RÉGLEMENTAIRES

DE L'AT∴ D'ISIS.

———

Des Jours de Tenues.

La L∴ Symb∴ a douze tenues annuelles, fixées au quatrième vendredi de chaque mois.

Le troisième vendredi est réservé au Chap∴ ou au Cons∴, qui alternent entre eux ou se succèdent le même jour.

Cet ordre n'est pas invariable ; la nature, la disette ou l'abondance des travaux en décident.

Des Élections.

Les élections aux off∴ dignitaires sont annuelles; elles ont lieu, pour la L∴, le quatrième vendredi du douzième mois maç∴, et pour le Chap∴ ou le Cons∴, le vendredi suivant.

Des Droits de présence.

La présence à une des tenues d'obligation est reconnue par la remise d'un jeton d'étain. Cinq de ces jetons équivalent à une médaille d'argent, laquelle est reçue dans les comptes pour 2 fr. 50 c.

De l'Ouverture des Travaux, et de la remise du Jeton de présence.

L'heure de convocation est celle de l'ouverture du temple. Pendant l'heure qui suit, les FF∴ signent le livre de présence, et les trav∴ sont ouverts.

La clôture de la liste des présens est irrévocablement arrêtée dans la demi-heure suivante.

La remise du jeton de présence est suspendue pour tout F∴ débiteur de plus d'un trimestre, ou qui n'aurait point acquitté le prix des grades ou affiliation.

Elle n'a point lieu pour tout F∴ introduit après la clôture de la liste des présens.

Il n'est point délivré de jetons de présence aux deux fêtes d'ordre, non plus que dans les séances extraord∴, à moins, pour ces dernières, que les frais de tenue, etc., ne soient plus que couverts par le produit des initiations.

Du Mode des paiemens.

Toute espèce de rétribution ou de contribution est payée par avance. La quotité annuelle l'est en quatre termes égaux, au commencement de chaque trimestre maç∴.

Du Mode des Secours.

Les secours accordés par l'at∴ d'Isis sont ou pécuniaires ou en nature. Les premiers ne sont délivrés qu'aux seuls voyageurs ; les autres, consistant en bons de pai n, viande, vêtemens, médicamens, etc., sont distribués, pour un temps déterminé, par la L.·. ou le Chap.·., sur le rapport du Comité de bienfaisance.

Des Contributions individuelles.

Jusqu'à ce qu'il en soit autrement ordonné, il est perçu, savoir :

Pour Initiation.

Aux trois premiers grades symbol.·. .   65 fr.

Du troisième grad.·. symb.·. au quatrième ordre du rite français, où dix-huitième deg.·. du rite écossais inclusivement.   65

Du dix-huitième deg.·. du rite écossais au trentième inclusivement.   65

Le tout, non compris 8 f. de cotisation pour le premier trimestre, et 7 fr. 5o c. de rétribution au F.·. servant, pour chacune des séries.

Pour Régularisation.

Moitié respectivement des prix fixés pour les grad.·. acquis irrégulièrement.

Pour Affiliations.

	fr.	c.
Dans les trois Chamb.·. de l'at.·. d'Isis	15	»
Dans son Cons.·. seulement. . . .	10	»

Pour Diplômes, Brefs, etc.

fr.   c.

Un diplôme ou un bref de l'at.·. 7   50

Une patente de trentième deg.·. du
même at.·. 9   »

Un diplôme ou bref du G.·. O.·. 10   50

Et pour patente émanée de lui. . . . 18   »

De la Quotité annuelle, etc.

La quotité annuelle pour chacun des membres ac-
tifs de l'at.·. d'Isis, payable par avance en quatre
fois, au commencement de chaque trimestre, est,
compris 10 fr. sur les deux Banquets.
fixée à . . . . 30 fr.

Et pour ceux du Cons.·. seulement .   10

L'hommage à la bienfaisance pour un
membre élu Fondateur ou Conservat.·.
est fixé à 27

Du Port des lettres.

Chaque F.·. paie en outre au F.·. Trés.·. 50 cent.
par chaque trimestre, pour le port des pl.·. qui lui
sont adressées ; et c'est le Trés.·. qui paie au F.·.
serv.·. la rétribution fixée par la L.·. pour ce genre
de service.

TABLEAU

DES OFFICIERS DIGNITAIRES

DANS LA LOGE.

	EN 1828.	EN 1829.	EN 1830.
Vén∴	RAVEAU oncle.		
1er Surv∴	LEMONNIER.		
2e Surv∴	DEBURAS.		
Or∴	BOISTE.		
Secrét∴	RAVEAU neveu.		
Trés∴ gén∴	PELLETIER.		
1er Exp∴	BLAY.		
Maît∴ des Cérém∴	TRIANON.		
Hospit∴	GEHERT.		
Arch∴ G∴ D∴ S∴	DUSILLON.		
Arch∴ contr∴	SERPEILLE père.		
Maît∴ des banq∴	BOLTEN.		
Députè au G∴ O∴	C∴ DE BRANVILLE.		
2e Exp∴	BOCQUET.		
3e Exp∴	SERPEILLE fils.		
Gard∴ du Temp∴	GANAUD jeune.		

DANS LE CHAP∴

T∴ S∴	E∴ DE BRANVILLE	
1er Surv∴	DEBURAS.	
2e Surv∴	THIERRY-CHARRIER	
Or∴	BTEN.	
Secrét∴	BOISTE.	
Trés∴	PELLETIER.	
1er Exp∴	LEMONNIER.	
Maît∴ des cérém∴	BLAY.	
Hosp∴	GEHERT.	
Arch∴ G∴ D∴ S∴	DUSILLON.	
Arch∴ contr∴	SERPEILLE père.	
Maît∴ des Réfect∴	GRAS.	
Députè au G∴ O∴	C∴ DE BRANVILLE	
2e Exp∴	SERPEILLE fils.	

Suite du tableau des Officiers dignitaires.

DANS LE CONSEIL.

EN 1828.	EN 1829.	EN 1830.
G∴ M∴ . . . . . . G∴ DE BRANVILLE		
G∴ Ch∴ 1er Surv∴ . DE BURAS.		
G∴ Ch∴ 2e Surv∴ . THIERRY-CHARRIER		
Chev∴ d'éloq∴ . . BRUNEL.		
Chancel∴ . . . . . DE BEAUREPAIRE.		
Elemon∴ . . . . . PELLETIER.		
Hosp∴ . . . . . . GEHERT.		
G∴ Introd∴ . . . BERTIER.		
1er Gr∴ Exp∴ . . ÉTIEVANT.		

LISTE

PAR·ORDRE ALPHABÉTIQUE

DES MEMBRES
DE LA L∴, DU CHAP∴ ET DU CONS∴
D'ISIS;

AVEC LEURS GR∴ MAÇ∴, PROFESSIONS ET DOMICILES.

NOTA. La lettre **F**, à la suite de l'adresse, indique la qualité
de Fondateur, synonyme de Conservateur.

MEMBRES ACTIFS COTISANS

DE LA LOGE ARÉOPAGISTE.

L'astérique * qui précède le nom indique que le F∴ est un enfant de
la L∴ ou du Chap∴

A

B

* BERQUET, libraire, quai des Augustins, 39, M∴
* BLAY, marchand tailleur, galerie Véro-Dodat, 17, K∴ D∴
* BOCQUET, marchand d'acier, Palais-Royal, 163. K∴ D∴
* BOISTE, libraire, rue de Sorbonne, 12, K∴ D∴
* BOLTEN, propriétaire, rue Neuve-Saint-Augustin, 38, R∴ C∴

D

* DE BRANVILLE (LE PESCHEUR), aîné, ex-officier de marine, ex-Offi∴ du G∴ O∴, 33ᵉ∴, huissier, rue des Bourdonnais, 14, F∴

* DE BRANVILLE jeune, ex-officier du génie. légionnaire, Off∴ du G∴O∴ 33ᵉ∴, boulevard des Gobelins, 16, F∴

* DE BURAS, instituteur, place St-Michel, 12, K∴ D∴ F∴

* DUSILLON, architecte, rue de Sorbonne, 12, K∴ D∴

* DELANOUE, notaire, à Marcerf, Seine-et-Marne M∴

E

* ÉTIÉVANT, maître bottier, rue des Filles St.-Thomas, 17, K∴ D∴

2

F

★ FAGNY, fabricant d'acier doré, rue Neuve-St.-Martin, 16, M.˙.

G

★ GAUNAUD, entrepreneur, Marché St.-Jean, 10, R.˙.C.˙.

GEHERT, marchand, rue Phelipeau, 28, K.˙. D.˙. F.˙.

★ GRAS, entrepreneur de menuiserie, rue de la Pepinière, 23, R.˙. C.˙.

★ GAUNAUD aîné, épicier, rue des Cordiers, 13, R.˙. C.˙.

H

HIELARD, vérificateur, rue Montorgueil, 33,
M.·.

J

* JACOB, fabricant de bronze, rue des Francs-
Bourgeois, 19, R.·. C.·.
* JOUANNE, coiffeur, rue Grange-Batelière, 1,
M.·.

K

* KNACKFUSS, propriétaire, rue des Petites-Écuries, 24, K∴ D∴

L

* LEQUIN, libraire, quai des Augustins, 27, M∴
* LEMONNIER, toiseur-vérificateur, place du Caire, 35, K∴ D∴

M

* MASSI, peintre-vitrier, rue Mazarine, 52, M∴

N

* NARDIN, coiffeur, rue des Trois-Frères, 11 bis, M∴

O

P

* PAQUEREAU, propriétaire, rue des Colonnes, 13, K∴ D∴ F∴
* PELLETIER, propriétaire, rue St-Antoine, 33, K∴ D∴

Q

R

* RAVEAU neveu, architecte, rue de Bourbon, 43, R∴ C∴
* RAVEAU oncle, architecte, Off∴ du G∴ O∴ 33∴ F∴, rue de Bourbon, 43.
* ROUD, marchand chapelier, rue de Richelieu, 101, M∴

ROUSSEAU, entrepreneur de bâtiment, rue des Gourdes, K∴ D∴.

S

SERPEILLE, maître d'hôtel-garni, rue de Richelieu, 22, R∴ C∴.

SERPEILLE fils, peintre en bâtimens et décors, rue Villedot, 5, R∴ C∴.

T

THIERRY-CHARRIER, maître couvreur, rue St-Antoine, 33, K∴ D∴ F∴.

* TRIANON, marchand de draps, rue Saint-Honoré, 16, M∴

* THACKERAY, officier au service de S. M. Britannique, rue du Colisé, 17, K∴ D∴

V

X

Y

Z

MEMBRES

FONDATEURS HONORAIRES.

CHACHERÉE DE BEAUREPAIRE, rentier, Off∴ honoraire du G∴O∴ 33∴, rue Neuve-St.-Martin, 32.

DUSOUCHET (Dégabriac), contrôleur de la Dette publique, Off∴ du G∴ O∴ 33∴ rue des Fossés-M. le-Prince, 5.

RAMON, professeur de langues, Off∴ du G∴ O∴ 33∴, rue des Francs-Bourgeois, 18.

LANDRY, instit∴ 33∴, rue Blanche, 28.

LASUE, entrepren∴ de peinture, K∴ D∴ rue des Carmes, 34.

MEMBRES

AFFILIÉS LIBRES CORRESPONDANS.

BARRE, R∴ C∴ T∴ S∴ du Souv∴ Chap∴ du
Parfait Silence, O∴ de Lyon.

* BOIVIN, cultivateur, à Étampes, A∴

DULAC, employé, à Lyon et à Paris, rue du Mont-
Blanc, 7. K∴ D∴ O∴ du C∴

DODAT, Maître des Cérémonies du Parfait Silence,
O∴ de Lyon, R∴ C∴

GACHET, Trés∴ du Parfait Silence, O∴ de Lyon,
R∴ C∴

JANGOT, négociant, à Lyon, R∴ C∴

* INGRAND, marchand de soieries, rue des Bourdonnais, 13, M∴

* JULIEN, employé, R∴ C∴

* MOLLER, bibliothécaire, rue de l'Arbre-Sec, 21,
M∴

* OSTERMANN, élève en droit, rue Neuve-de-
Seine, 89, M∴

* ROUSSET, Secr∴ du Parfait Silence, O∴ de
Lyon, R∴ C∴

* SORET, subrecargue, M∴

MEMBRES AFFILIÉS LIBRES,

ENFANS DE LA L∴, DU CHAP∴, OU DU CONS∴,

ET COMPOSANT LA SECTION DE L'HARMONIE.

ATTRAPART, cor de l'Opéra-Buffa, directeur, rue de la Lune, 26, K∴ D∴

* BONI, rue Martel, 2.
* BUTTEUX, rue du Faubourg-du-Temple, 24.
* FOUGAS, rue du Faubourg-St.-Denis, 52.
* FOUQUET, rue du Colombier, 14.
* KLETT, rue de l'Université, 14.
* MICHU, rue Vivienne, 7.
* MOUDRUX, rue d'Enghien, 4.
* PECHINIER, faubourg Montmartre, 25.
* PLATER, rue Pagevin, 12.
* PRUNIER, rue Sainte-Barbe, 18.
* RAOUX, rue Serpente, 11.
* ROUSSOT, rue Mondétour, 14.
* VINIL, rue de Louvois, 10.

NOMENCLATURE DES RR∴ LL∴

AFFILIÉES A CELLE D'ISIS,

SUIVANT L'ORDRE DE LEUR AFFILIATION.

LA FRANCHISE, O∴ de Chartres.

Député, le R∴ F∴ LANDRY, Off∴ du G∴ O∴, 33e∴

LES NEUFS SŒURS, O∴ de Toul.

Député, le R∴ F∴ DE BRANVILLE jeune, Off∴ du G∴ O∴, 33e∴

LE PARFAIT SILENCE, O∴ de Lyon.

Député, le T∴ C∴ F∴ DULAC, K∴ D∴

LE PHÉNIX, O∴ de Paris.

Député, le T∴ C∴ F∴ DEBURAS.

VESTA∴ O∴ de Paris.

Député,

La R∴ L∴ *de l'Harmonie*, O∴ de Saint-Pierre de la Martinique.

La R.·. L.·. du Triple Accord et de la Sagesse, O.·. de Metz.

Servant de la L.·. Aréopagiste, le F.·. PION, boulevard Montmartre, 1, M.·.

FIN.

www.ingramcontent.com/pod-product-compliance
Lightning Source LLC
Chambersburg PA
CBHW060814280326
41934CB00010B/2680